AF143828

Echappées d'un elfe

Olive Le Masne

Echappées d'un elfe

© 2023 Olive le Masne

Édition : BoD – Books on Demand, info@bod.fr
Impression : BoD – Books on Demand, In de Tarpen 42,
Norderstedt (Allemagne)
Impression à la demande

ISBN : 978-2-3224-7489-9
Dépôt légal : juin 2023

Fais de ta vie un rêve,

Et d'un rêve une réalité.

Antoine de Saint-Exupéry

GRACE

Un soir de septembre,

Je le vois courir dans ma direction.

L'enfant ne regarde que la lumière

Qui se reflète

Dans les feuilles mordorées.

Plus léger qu'une biche,

Il ne pose pas ses pieds au sol mais

Bondit,

Apparaissant par vagues successives.

Une de ses mains,

Gracile,

Se tient légèrement relevée

Comme l'aile d'un oiseau en vol ;

L'autre porte une longue ramure

Qui apparait soudain

Si vivante…

Il l'agite en s'envolant vers la digue.

Paladin, il file comme une flèche,

Petit bermuda, polo marin, visage fin,

Ivre de liberté.

Ce spectacle aux abords de la rivière Laïta,

Scintillante sous le soleil couchant

Est d'une fulgurante beauté.

AUTOMNE

Quelques mois plus tard

Je t'observe du haut de mon salon.

En contrebas,

Le jardin.

C'est toujours avec le même mouvement de
danse

Que tu sembles habiter ton univers.

Sauter entre les fleurs du bosquet central.

Les effleurer,

A peine.

S'agripper à une branche du bouleau,

Glisser entre les hortensias fanés.

Griffure légère.

Butiner une fleur perdue,

Nez couronné de pollen.

Attraper une feuille,

Courir dans l'enclos des poules.

Quelle est l'organisation de tes jeux ?

Que te racontes-tu dans ton langage

A peine audible,

Ponctué de divers bruitages ?

Tes bras fins s'agitent un peu,

Ton corps se lance dans un équilibre

Précaire.

Les gallinacées sont effrayées.

Petits gloussements.

Tu en plaques une au sol.

Tu la caresses,

Délicatement.

Tu poses ta joue sur ses plumes douces,

Tu lui susurres des mots connus de toi-même.

AU PARC DES MERVEILLES

L'escalier de pierres rosées guide notre regard

Vers les odorantes lavandes en rangées
droites,

Puis vers les pins maritimes surplombant

De tendres pittosporum.

Notre escapade se poursuit au pied de
sequoias géants aux troncs rouges

Savamment composés d'écorces hexagonales.

Splendide création qui s'élance vers le ciel,

Pure et sans défaut.

L'enfant reste un moment,

Nuque penchée en arrière.

Il aspire l'air aux parfums de sève.

Quels sont tes songes ?

Tu sautilles alors autour du bassin,

Cherchant à capter l'œil lent

De la carpe immobile.

Silence.

Tu t'appuies sur le rebord gris.

Ta voix tremble :

« Pour les séquoias d'Amérique,

L'incendie…

Les pompiers les ont entourés

D'une couverture de survie, je crois ? »

PROMENADE

J'observe l'enfant se pencher

Sur la carte du jardin botanique.

Tu répètes consciencieusement

La légende colorée des plantes.

Blanches comestibles, rouges médicinales,
noires toxiques, vertes nouveautés.

Mélopée savante et mystérieuse.

Et nous tournons des acotylédones aux
arbustes imposants

En remontant vers le centre du cercle,

Vers le bassin rond

Qui miroite.

En file indienne

Parmi les petits plans parsemés d'étiquettes,

Des odeurs inconnues

Nous surprennent.

Des tiges nous frôlent,

Une couleur neuve surgit.

L'enfant caresse un voile posé sur une plante asiatique.

Voix grave, posée, monocorde :

« C'est comme pour mon citronnier :

Il faut couvrir ce plan en hiver ! ».

L'enfant s'agite.

Il est temps d'aller prendre des nouvelles

De l'immense cactus

Abrité dans les verrières sur l'esplanade.

Le regarder,

Longtemps.

A qui sait user de patience

Apparaitra peut-être

La fleur

Accorte,

Tout en haut,

À la saison propice.

Mais les fleurs sont capricieuses ?

Elles aiment

Qu'on les désire.

« Comment ferons-nous quand mon cactus
raquette

Aura pris ces dimensions ? »

L'enfant m'interroge avec sérieux.

Il s'éloigne vers la volière,

« J'aimerais bien aussi

Élever une plante *carnivorte* ».

Il mélange un peu le végétal

Avec son mode nutritif.

Les inséparables sont nos oiseaux préférés.

Les mandarins aussi

Avec leurs joues orange

Et leur petite taille.

L'enfant, lui, a le cœur qui bat.

Il voudrait retrouver les canetons au duvet si doux.

L'enfant sait qu'ils ont grandi.

« Il en manque deux,

J'espère qu'il n'y a pas de renard en ville ? ».

REVES

Théropodes, sauropodomorphes,

Créatures effrayantes.

Géants terrestres,

Reptiles marins,

Du Trias, du Jurassique ou du Crétacé.

Ô visions terrifiantes,

Qui viennent peupler ses nuits.

Ptéranodons, triceratops,

Météorites, volcans,

Fumées, incendies

Terre étouffée.

Monstres adorés,

Quelle est l'origine de votre disparition ?

Voici maintenant la faune sauvage
indéterminée,

Peuplée de loups, de sangliers

Et autre hôtes des bois.

Le cauchemar se mute en « cochon noir ».

La bête peut à tout instant surgir dans sa
chambre.

Je laisse un rayon de lumière

Pour évaporer ces carnassiers sombres et
menaçants

Dont l'enfant a personnifié ses rêves.

S'échapper alors vers le monde marin

Et ses insondables

Profondeurs.

Toujours plus loin,

Plonger

En direction des créatures étranges :

Baudroie au leurre lumineux

Abyssale anguille grandgousier.

Tandis qu'à travers ses traits fins et ses yeux
doux,

Je vois en l'enfant l'apparence d'un jeune
faon,

Il me confie

Dans un souffle

Vouloir se transformer en mégalodon.

Cette créature imposante,

La plus puissante ayant jamais existé,

Vient le rassurer dans ce monde

Si vaste et si empli de dangers.

IMMUABILITE

Grand bouleau,

Vieux sapin,

Hortensia rose, jeune camélia,

Tronc sec.

L'enfant connait par cœur l'emplacement de chaque pousse.

Belle immuabilité des êtres !

S'allonger dans l'herbe

Soulever délicatement les pierres

Vérifier l'activité des fourmis.

Tu sais quelle est leur organisation savante,

Comment elles entreprennent la traite des pucerons sur le Rosier grimpant.

Nous avons coupé un résineux envahissant.

Nous avons retourné la terre sèche au fond du jardin.

Décision abstruse, meurtrissure,

Régulièrement tu évoques d'une voix émue

La sauvage fin de vie de l'épicéa,

La disparition si dommageable du petit désert que tu aimes tant.

Le monde extérieur est si

Agressif.

Les enfants ont envoyé leur ballon sur ton citronnier,

La chenille a creusé quelques dentelles dans les feuilles jaunies par une eau si calcaire.

Inlassablement,

Je te vois remplir ton arrosoir vert d'eau de pluie.

Tu chuchotes à ton arbre

Des mots tendres.

Tu passes

Ta main consolatrice

Sur son feuillage.

HIVER

L'enfant plonge plus profondément

Dans les abysses

De l'histoire.

Il a porté son dévolu sur le mammouth
laineux.

Attentif, il étudie cet animal des steppes
d'Eurasie et d'Amérique du Nord.

Touchant du bout des doigts

La page de l'encyclopédie,

Il lui semble effleurer le pelage épais de l'animal,

Couvert de longs poils de jarre.

Mon petit homme sait que le comportement du pachyderme

Est proche de l'éléphant moderne

Mais que ses oreilles et sa queue

Sont courtes

Pour limiter les risques de gelure et de déperdition de chaleur.

C'est en compagnie de ce géant de la période glaciaire

Que l'enfant

Avance à son rythme dans l'hiver.

Le temps s'est comme ralenti.

Vient

La contemplation.

BEAUTE DU CIEL

L'enfant ânonne sa poésie.

Je lui dessine des « tours », des « villes », des « rues », des « quartiers ».

Il répète, oublie, trébuche, se reprend.

Il est déjà ailleurs.

Laissant là son cahier,

Il ouvre la porte-fenêtre,

Enfile ses bottes sans prendre le temps de passer ses chaussettes,

Court dans la neige

Encore fraiche.

Mon petit homme suit toujours le même
chemin.

Longer les hortensias,

Tourner autour des rosiers,

Revenir par les pierres,

Monter sur le muret.

Son histoire est ponctuée de bruitages

Et de gestes expressifs.

Il est concentré, heureux,

Les joues rougies par le froid.

Rien ne peut interrompre ses promenades
journalières.

Un jour il tombe violemment du petit
promontoire :

« Je n'avais pas vu la marche,

Je regardais

La beauté du ciel ».

Alors que je m'inquiète un peu

Du poème du jour à apprendre,

Je l'entends soudain murmurer un vers…

« Et puis mon cœur, mon cœur qui bat,

Tout bas ».

CONFIDENCES DU SOIR

Mon jeune poète semble s'étonner

De certains phénomènes dans la nature

Que je suis bien impuissante à expliquer.

« Si les serpents mordent les renards

Qui mangent les poules,

Pourquoi celles-ci mangent-elles

Les serpents ? ».

MIROITER

La piscine municipale

A des jolis murs

Bleus

Parsemés de mosaïques.

L'enfant nage,

Heureux.

Disparaitre sous l'eau

Remonter.

Tourner sur lui-même

Comme un petit poisson

Léger.

L'espace a-t-il la même dimension ?

La profondeur vient apporter une ouverture
nouvelle

Vers des trésors imaginaires.

Il se chuchote des histoires.

Omble chevalier, truite arc-en-ciel, grémille.

Ses bras écartent l'eau avec rapidité,

Tandis que ses jambes s'enfoncent

Vers les zones sombres.

Soudain il se retourne et reste un moment

Etourdi.

Il observe la voute pâle et ses petits carreaux

Azurés,

Scintillants.

Le maître-nageur crie,

Il lui intime l'ordre de reprendre les
battements.

L'enfant n'entend pas.

Il souffle des bulles vers le ciel.

Trainé avec la perche,

Il est puni un moment sur le bord du bassin.

Il attend

Tremblant

Et frêle

Sur le banc mouillé.

PRINTEMPS

Laïta

Toi qui scintilles sous le soleil couchant

Et déploies ta robe argentée au gré des
méandres,

Guides-tu l'enfant vers la mer ?

Arbres aux branches noires de l'hiver,

Ajoncs fleuris,

Jaune chaleureux.

Le petit homme avance.

Il s'appuie un moment sur le tronc rugueux
d'un vieux chêne

Et reprend sa marche.

Pins qui s'élèvent,

Majestueux,

Collines après collines,

Herbes folles et salées qui bruissent

Doucement.

Elles projettent des petites tâches de lumière.

Silence du couvre-feu.

Sérénité des espèces qui s'expriment dans le
soir naissant.

L'enfant,

Gracile,

S'est arrêté.

Il cherche du regard l'aigrette,

Contemple un instant

Les cormorans séchant leurs plumes sombres

Et les mulets qui forment de grandes rides sur l'eau brillante.

Les mouettes

Rieuses

Ont pris possession d'un banc de sable

Au milieu de la rivière.

Tandis que la marée se retire

Elles guettent le passage des myriades de poissons fins.

L'enfant persévère,

Il sautille sur le sentier côtier.

Soudain,

Il s'abrite maladroitement derrière un châtaigner

Et il admire

En contrebas

Le bel oiseau blanc au bec long grisé.

L'aigrette garzette est craintive.

Elle s'envole et se déplace.

Mon petit elfe la suit un moment.

Le soleil est déjà bas et rougeoyant sur le chemin du retour

Lorsqu'apparait,

Immobile dans le courant,

Le héron cendré

Perché

Sur ses longues pattes.

Digne et fier, l'oiseau semble fixer à jamais l'horizon,

Tandis que l'eau

S'écarte en deux bras,

Le long de son plumage chatoyant.

Les mytiliculteurs voisins ont posé

Quelques poches sur table.

Les moules profitent du plancton.

La nature palpite de merveilles,

Vision onirique.

Toi mon petit homme qui as du mal à regarder dans les yeux,

Tu portes un regard ouvert,

Unique et irremplaçable sur la nature,

Tu le laisses observer par elle

Et votre échange devient une symbiose pure et profonde.

Toute cette beauté se dépose en moi

Comme un trésor

Dans lequel je pourrai puiser :

Elle vient signifier, par sa complétude et son mystère,

Que la vie a toujours du sens.

ZONE HUMIDE

Au travers des arbres noirs entrelacés,

Des tâches de lumière vive.

Les touffes de vert tendre, çà et là.

Petites pousses d'ajoncs et jacinthes des bois,

L'eau sur les feuilles fraiches miroite.

Entends-tu le chant de la grive ?

Ronces qui lacèrent, orties piquantes, cépées,

Le chemin n'est plus tracé.

Par où es-tu descendu vers la prairie d'herbes hautes ?

Les troncs m'arrachent les mains, j'avance en aveugle.

Descendre dans les broussailles.

Soulever une branche qui se rabat en me giflant.

Et l'enfant qui ne répond pas.

Sur la terre meuble, les gardes menaçantes d'un sanglier.

Je te cherche à travers le taillis et crie ton nom.

« Pii-èh pii-èh pii-èh », « Kvièt kvièt ».

Silence.

Soudain ton rire cristallin.

« Je suis déjà dans la zone humide » !

Je surmonte le dernier obstacle.

La lumière m'enveloppe, me saisit.

Vague des herbes hautes adamantines.

Tu maches une longue tige de molinie bleue
et tu souris

Délicieusement.

SILENCE

« Dans la ville, j'ai ma rue préférée.

Elle a des arbres.

Elle est à côté de l'autoroute… »

« Je ne vois pas bien ? C'est proche de la maison ? »

« Oui je vais te montrer, on y arrive,

Fais attention avec ton vélo car il descend vers l'autoroute. »

« Ah oui, tu veux dire le boulevard ? »

« Oui là-bas, et c'est cette rue que j'aime. »

« Pourquoi ? »

« Il n'y a pas un bruit…

On entend juste

Les oiseaux. »

REINE

Je vois que tu peines avec les romans.

Tes yeux sautent des lignes,

Tu trébuches

Un peu.

Mais « L'Odyssée des fourmis », imposant
reportage scientifique

En lignes serrées,

T'emporte en un trait au pays des rêves.

Tu connais tout de ce monde sauvage
passionnant qui peuple le jardin.

Caste, gastre, couvain, gyne, chitine,

Les mots sont devenus tes reines, tes princesses.

Je t'aperçois un moment sous le bouleau,

Te voilà déjà penché sur le creux de l'arbre sec.

« La prairie abrite semble-t-il deux colonies ».

Ton doigt me désigne des espaces précis.

Nourrices, exploratrices, ouvrières, fourrageuses…

« Je pense qu'il s'agit de la même espèce ».

Comment le sais-tu petit homme ?

« Je ne vois pas de bataille ».

Un autre soir sous le ciel lourd,

Tu danses.

Sur la pointe de tes pieds nus, tu suis le même petit chemin

Tu aimes sentir la fraicheur de la terre.

Et tu lances des paroles silencieuses

Au vent.

Je suis sortie à ta rencontre.

« Tu as tout manqué »

« Manqué » ?

« J'ai vu le vol nuptial des fourmis ailées du jardin.

C'est habituellement dans les mois chauds

Que cela se produit ».

« Tu es sûr ? »

Tu saisis ma main.

« Viens, je sais où est la reine ! ».

L'enfant bondit.

Il s'arrête

Précisément

À un endroit improbable du jardin,

Écarte les brins d'herbes d'un geste sûr.

Incrédule, je me penche

Sur l'insecte ailé, celle-là même.

Es-tu descendu par magie

Aux pays des merveilles ?

Comment dans cette verdure immense

As-tu trouvé, enfant, le royaume

Du précieux insecte ?

Déjà reparti,

Tu danses.

Sur la pointe de tes pieds nus, tu suis le même
petit chemin.

B R U I N E

L'enfant s'est volatilisé.

Je le guette à travers la vitre,

Sur laquelle coulent

Des gouttelettes d'eau,

Larmes furtives.

Le jardin verdoyant semble pleurer.

Où es-tu petit elfe ?

Tu cours si souvent

Pieds nus, chemise courte,

Sur les dalles serpentant

Le chemin des oléacées.

T'es-tu réfugié dans la cabane

Au fond du jardin ?

Vent en bourrasque,

Cris des oiseaux

Retranchés dans leur monde de nature.

Je t'attends.

Soudain,

Une voix timide :

« Peux-tu aller chercher un adulte ? »

« Où es-tu ? »

Ma fille se penche à la barrière de la terrasse.

« Je suis coincé ».

« Où ? »

Mon cœur se met à battre,

Je dévale les marches

Pour tenter de me rapprocher

De ta voix qui semble venir

D'en bas.

L'enfant arrive alors derrière moi.

« C'est bon, je me suis dégagé ».

D'où venais-tu petit homme ?

Tu semblais arriver tout droit du ciel.

« Une prochaine fois, tu peux crier fort à l'aide ! »

L'enfant s'est déjà évaporé.

FEERIE

Aimer

Particulièrement

Son jeune citronnier.

Suivre avec attention sa croissance.

Armé d'un sceau vert pâle,

L'arroser copieusement.

Choisir son emplacement

Devant le mur au sud,

Pour que la chaleur se reflète.

Observer les abeilles

Venues visiter ses fleurs odorantes.

Joli rire cristallin,

Les citrons seront donc là demain !

PENSER SES PAS

L'enfant ralentit

Ma marche.

Ne pas écraser

Par mégarde

La fourmi reine.

Il faut respecter

La bravoure des mâles ailés

Suite au vol nuptial.

Ils meurent.

Ce n'est pas pour que leur reine

Perde la vie.

BALADE

Qui entends-tu sur ces cimes ?

Hirondelle de fenêtre,

Pinson des arbres,

Moineau domestique,

Fauvette à tête noire,

Grive draine,

Merle,

Mésanges bleues,

Rougequeue à front blanc,

Rouge-gorge familier,

Pouilleux véloces,

Roitelet à triple bandeau,

Verdier d'Europe.

TEMPS SUSPENDU

Bien lasse

De ma journée confinée,

J'ai abandonné les enfants à leurs sollicitations incessantes.

Les nerfs tendus,

Je parcours les pages d'un roman,

Allongée dans mon transat dans un coin du jardin.

Il apparaît discrètement derrière moi,

Léger.

« Tu viens voir ? Là-bas au fond ! ».

Dure,

Je le renvoie.

Il revient une fois, yeux de biche,

Me demander combien de pages il me reste à lire.

« 225 ! ».

Sans commenter ma réponse,

Il s'assied sur une pierre un peu plus loin.

Patient, il reste là,

Page après page.

Je sens sa présence discrète mais je poursuis longuement ma lecture…

Le soleil s'est adouci.

La lumière du soir fait miroiter les fines feuilles du bouleau.

Sans rien dire,

Il prend ma main et m'entraine dans un petit coin de prairie,

Caché derrière le camélia.

Je le regarde,

Incrédule.

« Enlève tes chaussures ! ».

Je pose mes pieds à côté des siens, fins, sertis de traces de terre.

« Tu sens comme l'herbe est fraiche et douce à cet endroit ? ».

Ce moment de grâce…

Ma fatigue s'est envolée.

TRESOR INESTIMABLE

Un jeune hérisson

Perdu sur le trottoir.

Tu lui donnes un peu d'eau

Avec application.

Ton sourire fin s'élargit

A mesure que la bête sauvage regonfle ses épines.

Combien de temps es-tu resté à l'observer ?

Le jour décline.

Revient le matin.

L'animal est recroquevillé

Dans un creux de pierre.

Inquiet

Tu viens me chercher.

« Tu sais, je crois… »

« Tu vas faire quelque chose ! ».

Je reste indécise.

Ton air sérieux

Me saisit.

Nous voilà partis à travers la campagne et ses
petites routes.

L'enfant, derrière moi dans la voiture,

Tient le hérisson

Comme un nouveau-né.

Notre voyage est chaotique dans des routes
entrelacées

Mais le silence de l'habitacle renforce encore

Notre sentiment de transporter un trésor de
nature

Inestimable.

L'univers n'est plus cette grande tempête
mondiale

Indifférenciée,

Ce déluge

Dans lequel il est facile de se sentir noyé.

Peu importe,

À ce moment-là,

La confusion du monde.

SANCTION

Et pourtant

Tu avais raison,

Les abeilles domestiques ont des poils.

E T E

Parenthèse enchantée.

Les artistes ont improvisé un concert en plein air.

Au sein d'un royaume de verdure,

À côté des ruines de l'abbaye Saint Maurice,

Le pianiste pose avec lenteur ses mains sur les touches.

Tandis que le soleil du soir dessine au sol

Les ombres longilignes

Des arbres centenaires,

Et que le vent laisse murmurer doucement les feuilles claires,

La première série d'accords parallèles ascendants

Fait émerger

Une cathédrale.

Debussy dans son impressionnisme musical

Crée l'image d'une brume légère

Avant de figurer le grand orgue

Dans un fortissimo.

La musique résonne contre les pierres anciennes.

Un son trouble et étouffé entraine la disparition de l'église.

Les cloches seules

Semblent encore sonner au loin.

Le pianiste relève doucement ses mains

Le héron cendré,

En contrebas,

Traverse vivement les roseaux d'un vol ample
et droit.

L'enfant court sur les dunes de sable,

Opalines.

Il bondit sur le sentier côtier.

Quand il approche de la mer scintillante,

Il soulève une ou deux pierres pour y chercher
un crabe vert

Ou un bernard-l'hermite.

Un moment il revient vers moi et tenant une bernique sculptée nacrée de rose,

Sans chercher mon regard, il demande :

« Comment les coquillages se fabriquent-ils ? De quand date leur création ? ».

Puis, au lieu d'attendre ma réponse,

Il file à nouveau vers les vagues,

Inconscient du danger.

Je scrute l'horizon, plissant les yeux sous ce soleil lourd,

Pour suivre sa danse dans l'écume.

EXOTISME

Oiseau facétieux

Au torse blanc,

Petite touche verte sous le gosier,

Pattes bleues,

Presque pourpres,

Tu te balances,

Marches en pas chassés,

Te suspends la tête

En bas

Dans une danse étonnante,

Pour mieux séduire ta compagne.

Et l'enfant

Tourne,

Il fait des pas de danse,

Sourit à ses pensées,

Revient vers moi,

Me réclame

L'oiseau

De paradis.

ROYAUME

S'allonger dans les herbes hautes.

Croquer un brin de paille.

Observer les bêtes qui bruissent.

Lamellicorne, lampyre, joyaux des prés.

Compter les fourmilières et

Comparer la taille de leurs guerrières.

Imprégner ses songes de leur art.

Tu marques de grands bâtons

L'emplacement des galeries précieuses,

Boutons d'or,

Enclos des gendarmes, des cétoines

Repaire des grillons.

Tu implores

Un détour

Pour la tonte.

Tu t'es éloigné

Du bruit infernal,

Dévastation sans aménité

De ton royaume.

S Y M B I O S E

Le voisin, actif dans son jardin potager,

Se redresse parfois de son rang de salades,

Interrompant l'arrosage,

Pour regarder l'enfant dans sa dance gracile.

Sous le soleil du matin ou du soir,

Il sourit à ce spectacle de gymnastique
rythmique.

Il ne saurait dire à quelle mélopée

Ou à quelle chorégraphie savante se rattache le garçon

Qui semble si bien savoir se mouvoir.

Les bras dans le sens du vent et les mains tournées,

Offertes,

Tournoyantes du petit

Font comme apparaitre un long ruban bleu imaginaire

Dans le ciel.

L'homme se remémore les moments d'insouciance

Et de liberté de sa jeunesse dans sa région de couleurs vives.

Il appelle alors l'enfant pour lui remettre des trésors rares de ses précieuses plantations.

Ce moment partagé a la saveur sucrée du bonheur.

Je comprends que ce moment unique de grâce immanente

A ses codes et ses secrets

Qui doivent s'arrêter

Au seuil de la porte.

PIPISTRELLE

Un soir,

C'était juste après le coucher du soleil,

L'enfant vient me chercher par la main.

Heureux et bondissant,

Il me conduit en bas des marches dans le jardin,

Tout en fraicheur de la nuit tombante.

Silencieux,

La nuque penchée vers l'arrière,

Il reste en attente,

Scrutant le ciel.

Puis soudain, enthousiaste, de sa voix en grelot de rires :

« Elle est là ! ».

« Où ? ».

« Ici ! »

« Qui ? »

« La pipistrelle ! ».

J'aperçois alors ce léger volatile affairé, rapide, au vol sinueux, interrompu par des piqués.

Droite, gauche,

Brefs battements d'ailes isoclines.

Une ombre encore visible dans le soir ravit mon petit hôte

En passant

Et repassant

Au-dessus de nos têtes.

Loin de lui l'image effrayante des chauve-souris pathogènes, pourvoyeuses de coronavirus.

Reprenant le chemin de la maison, de sa voix savante,

Il m'assure que ce petit animal joue un rôle important dans l'écosystème

Et qu'elle était vraisemblablement à la recherche d'insectes.

Ses yeux brillent encore de ce rendez-vous nocturne.

Je me sens alors reposée

De cette belle et pure cohabitation

Au sein du Vivant.

MAGIE

Mon petit homme

Laisse trainer sa main gracile

Sur les jeunes pousses de figuiers

Coincées dans de petites brèches à travers
les murs.

En été, il est le seul enfant à découvrir les
framboisiers

Cachés

Dans le jardin public.

Délicatement,

Il attrape les coccinelles perdues sur le bitume

Pour les déposer

Avec effusion

Sur les rosiers anciens.

Un jour, je le vois s'arrêter devant la barrière

Proche de la voie ferrée.

Immobile,

Avec un léger sourire sur ses lèvres fines,

Il semble heureux devant cette zone en friche

Parsemée de détritus divers.

Le vent fait voler ses mèches foliacées.

J'attends patiemment,

Cherchant les mots pour commenter

Le va et vient des trains.

Il se tourne alors vers moi, les yeux brillants.

« Nous avons de la chance, il y a des fleurs extraordinaires en ville ! ».

C'est alors seulement

Que j'aperçois des jeunes coquelicots

Qui essaiment,

Çà et là,

Entre des cailloux éburnéens.

CONSTELLATIONS

Musiques profondes sous la grande voûte
étoilée,

Se laisser bercer.

Entendez-vous les noms des constellations ?

Suivez-vous leur chemin ?

Les étoiles brillantes de la ceinture d'Orion
guident nos yeux

Vers ce chasseur légendaire.

Le Grand chien abrite Sirius.

Les Pléiades nous font de l'œil,

Groupées dans un amas brillant.

L'hexagone d'hiver égraine des noms d'astres
nouveaux

Et chantants.

On voudrait répéter comme une litanie
mystérieuse

Rigel, Aldébaran, Capella, Pollux, Procyon…

L'enfant est semi-allongé,

Un peu enfoncé dans la mousse.

Son doigt fin

Suit

Les constellations du Taureau, des Gémeaux,
du Cocher, du Petit chien, de la Licorne.

Bouquet de couleurs : Blanches, bleues,
rouges,

Les étoiles indiquent leur chaleur à qui sait les
observer.

La voix interroge.

Dans le silence et l'obscurité s'élève alors,

Seule,

La parole savante de l'enfant.

Table des matières